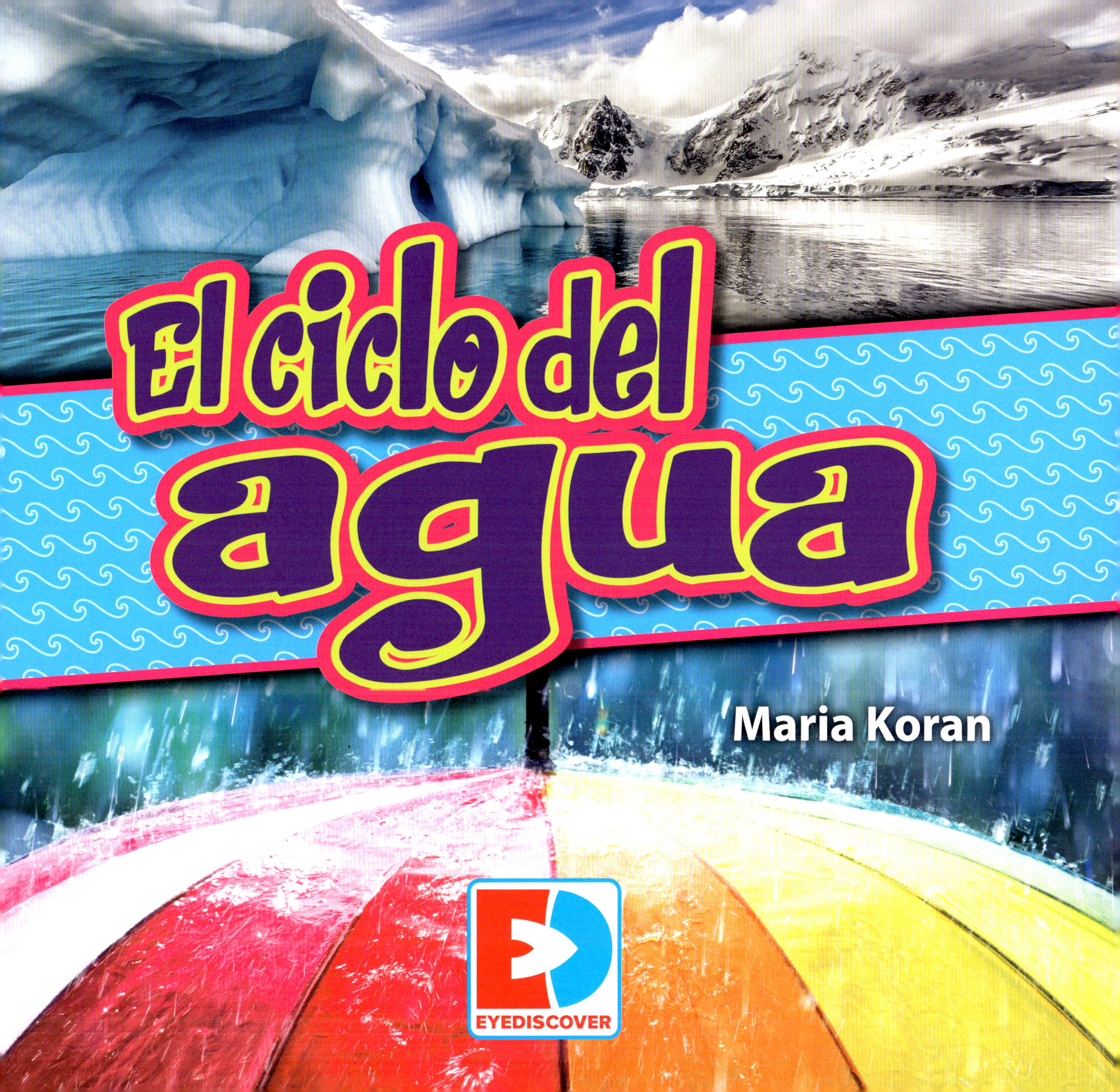
El ciclo del agua
Maria Koran
EYEDISCOVER

Ve a **www.openlightbox.com** e ingresa el código único de este libro.

CÓDIGO DEL LIBRO

AVU58744

EYEDISCOVER te trae libros mejorados por multimedia que apoyan el aprendizaje activo.

Published by Lightbox Learning Inc.
276 5th Avenue, Suite 704 #917
New York, NY 10001
Website: www.openlightbox.com

Library of Congress Control Number: 2021950775

ISBN 978-1-7911-4379-4 (hardcover)

Printed in Guangzhou, China
1 2 3 4 5 6 7 8 9 0 25 24 23 22 21

122021
102521

English Editor: John Willis
Spanish Editor: Ana María Vidal
Designers: Mandy Christiansen and Sushant Deshpande
Spanish/English Translator: Translation Services USA

Lightbox Learning Inc. acknowledges Alamy and iStock as the primary image suppliers for this title.

EYEDISCOVER proporciona contenido enriquecido, optimizado para el uso en tabletas, que complementa este libro. Los libros de EYEDISCOVER se esfuerzan por crear un aprendizaje inspirado e involucrar a las mentes jóvenes en una experiencia de aprendizaje total.

Mira
El contenido de video da vida a cada página.

Navega
Las miniaturas simplifican la navegación.

Lee
Sigue el texto en la pantalla.

Escucha
Escucha cada página leída en voz alta.

Tu EYEDISCOVER con Seguimiento de Lectura Óptico cobra vida con...

Audio
Escucha todo el libro leído en voz alta.

Video
Los videos de alta resolución convierten cada hoja en un seguimiento de lectura óptico.

OPTIMIZADO PARA
- TABLETAS
- PIZARRAS ELECTRÓNICAS
- COMPUTADORES
- ¡Y MUCHO MÁS!

En este libro aprenderás

- qué es
- cómo funciona
- qué hace

¡y mucho más!

Sin agua, no habría vida en la Tierra.

6

El agua que usamos viene de lugares como los océanos, lagos y ríos.

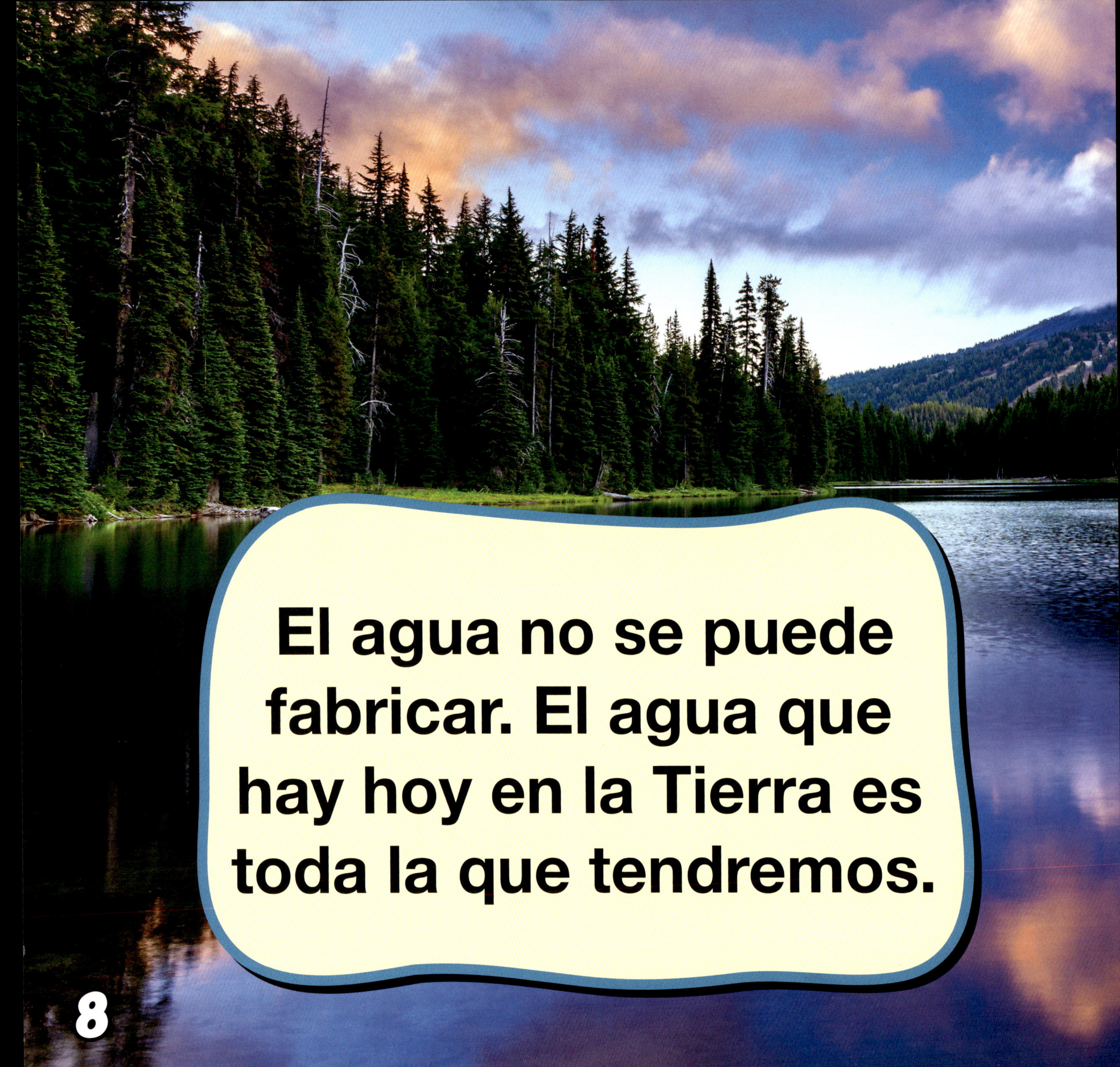

El agua no se puede fabricar. El agua que hay hoy en la Tierra es toda la que tendremos.

Se puede encontrar agua en diferentes formas. Puede ser en forma de hielo, nieve o lluvia.

Al cambio de forma del agua de la naturaleza se lo conoce como el ciclo del agua.

El calor del sol calienta el agua y hace que se convierta en nubes.

Cuando el agua de las nubes se enfría, cae en forma de lluvia o nieve.

La lluvia o nieve que cae en el suelo puede formar lagos o ríos.

Proteger el agua de la Tierra es muy importante. Debemos mantener el agua limpia, sin basura ni químicos.

EL CICLO DEL AGUA EN NÚMEROS

Casi el **90 por ciento** del agua que está en el aire viene de los océanos, lagos y ríos.

Sin agua, una persona solo puede **vivir** aproximadamente **una semana**.

Menos del **1 por ciento** del agua de la Tierra puede usarse para beber.

Cerca del **30 por ciento** de la **lluvia** y **nieve** que cae en los Estados Unidos termina en arroyos, lagos u océanos.

El **monte Waialeale** de Hawái es uno de los lugares más lluviosos de la Tierra. Recibe unas **450 pulgadas** de lluvia por año (1140 centímetros).

Aproximadamente el **71 por ciento** de la Tierra está cubierta de **agua**.

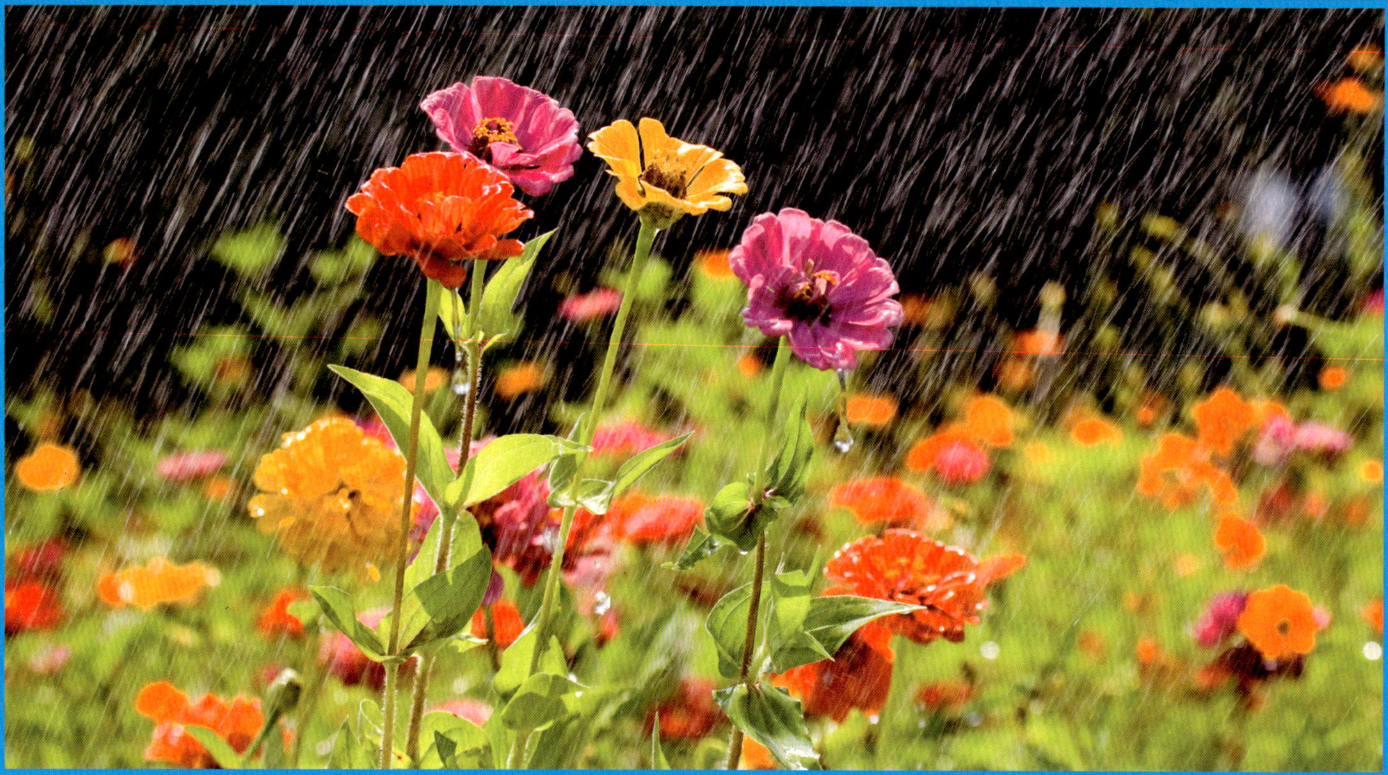

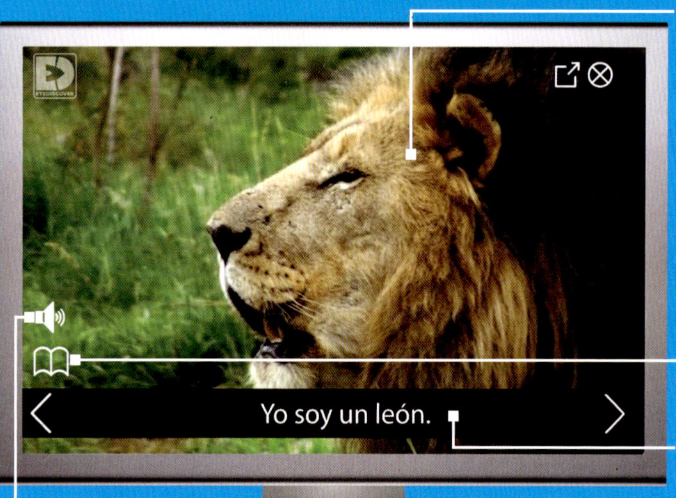

Mira
El contenido de video da vida a cada página.

Navega
Las miniaturas simplifican la navegación.

Lee
Sigue el texto en la pantalla.

Escucha
Escucha cada página leída en voz alta.

Ve a www.openlightbox.com e ingresa el código único de este libro.

CÓDIGO DEL LIBRO

AVU58744